LA CHANCE DU DÉBUTANT

Roman policier

Lecture en français facile
- niveau intermédiaire -
(à partir du niveau B1 du C.E.C.R.)

Aide au vocabulaire à la fin de chaque chapitre.
Vocabulaire thématique à la fin du livre.

Du même auteur,
dans la même série :

La Chance du débutant
Une Simple Affaire de famille
Le Gros Poisson
Un patron qui en faisait trop

©C.Carrega, 2015

Chapitre 1

La vie sourit à Julien Dulac. D'abord, c'est un beau garçon. Et surtout, il a réussi son examen d'inspecteur[1] de police. Après son examen, il a passé les fêtes de fin d'année en famille. Mais aujourd'hui, nous sommes le lundi 7 janvier et le travail sérieux commence. Nouvel inspecteur, Julien espère avoir des responsabilités. Il rêve de mener une enquête[2] compliquée… Mais le voilà à présent dans les locaux[3] de la police et il s'occupe de tâches administratives sans importance.

Enfin, le commissaire[4] Taillefer vient vers lui :

– Dulac, dans mon bureau !

Le bureau du commissaire est une pièce sombre, éclairée par une seule lampe. Les meubles sont simples : une table ordinaire, deux armoires remplies de dossiers, et quelques chaises peu confortables. On fait des économies dans la police française ! Et surtout, le commissaire n'est pas souvent dans son bureau. C'est un homme d'action. C'est un homme direct, à la limite de la politesse, mais il est respecté, il a de nombreux succès à son actif[5]. Il parle à Julien brusquement :

– Dulac, vous allez prendre l'air, dit-il sans sourire. Je vous envoie sur votre première enquête.

Julien, par contre, ne cache pas sa joie. Enfin, il va faire un travail à son niveau. Un vrai travail de police. Sa première enquête ! Le commissaire s'énerve :

– Ne souriez pas comme un imbécile, Dulac. Il n'y a rien à faire. Une femme s'est tuée dans un accident de voiture, il faut simplement faire un constat[6]. C'est la procédure[7], nous sommes obligés de faire ça.

Malgré tout, Julien est heureux. Il va sortir du commissariat, il va se rendre sur les lieux de l'accident, il va interroger les témoins, il va... Le commissaire le regarde d'un air mauvais et ajoute :

– Je vous le répète, Dulac : il n'y aura rien à faire. Soyez juste diplomate avec la famille : les gens ne sont pas habitués à répondre à des policiers. Surtout quand un proche est mort ! Allez, partez, les détails sont dans le dossier.

1) un inspecteur : *fonctionnaire de police en civil qui travaille sous les ordres d'un commissaire.*
2) une enquête : *recherche de la vérité par l'écoute de témoins et la réunion d'informations et d'indices.*
3) un local, des locaux : *pièce, partie d'un bâtiment destiné à un usage particulier.*
4) un commissaire : *officier de la police nationale qui s'occupe du maintien de l'ordre et de la sécurité et qui a sous ses ordres des inspecteurs et des agents de police.*
5) avoir à son actif : *compter comme succès, comme réussite.*
6) un constat : *document officiel qui décrit une situation.*
7) une procédure : *l'ensemble des actes, des formalités qu'il faut accomplir pour parvenir à un résultat.*

Chapitre 2

C'est le grand jour ! Julien, accompagné de deux policiers, va commencer sa carrière.

Il a lu le dossier : la morte[1] est madame Martin-Duval. Elle habitait à l'extérieur de la ville dans une grande maison isolée. Elle vivait seule. Elle prenait souvent sa voiture. Le dimanche 6 janvier, elle a pris sa voiture comme d'habitude mais elle a eu un accident. Il n'y a aucun témoin[2]. La police doit faire les vérifications d'usage et classer le dossier[3].

Julien ne conduit pas lui-même la voiture de police, ce n'est pas à lui de faire cela. L'un des deux policiers qui l'accompagnent est au volant.

– Inspecteur, on va d'abord à la morgue[4] ? demande le policier au volant, ou bien sur les lieux de l'accident ?

Julien hésite. Le policier continue : « Remarquez, ça revient au même : la voiture est en miettes[5] et le corps est en bouillie[6]. De toute façon, ce ne sera pas un beau spectacle ! »

– Va pour les miettes !

Ils se rendent donc sur les lieux de l'accident et, en effet, la voiture de madame Martin-Duval est en petits morceaux. Apparemment, elle a pris de la vitesse dans la pente, et, dans le virage, elle a continué tout droit, elle est sortie de la route et s'est écrasée contre un gros arbre.

– Chef, cette voiture, on dirait un accordéon !

Julien parle alors comme le commissaire : « Agent Sommard, gardez vos réflexions pour vous ! »

– Moi, je dis ça comme ça...

– Agent Sommard, continue Julien, les miettes, la bouillie, l'accordéon... Apprenez à vous taire ! Au fait, pourquoi votre collègue ne dit jamais rien ? »

– Béranger ? Demandez-lui vous-même !

Julien s'adresse alors à l'autre policier :

– Vous ne parlez pas beaucoup, Béranger ?

– Inspecteur, puis-je être franc avec vous ?

– Mais, certainement.

– M'autorisez-vous à vous dire le fond de ma pensée ?

– Mais bien sûr, je vous en prie.

– Cette enquête n'a aucun intérêt.

1) un mort, une morte : *personne qui a cessé de vivre.*
2) un témoin : *personne qui certifie une chose, qui peut en témoigner.*
3) classer un dossier : *(ici) considérer l'affaire comme terminée.*
4) la morgue : *lieu où l'on dépose provisoirement le corps des personnes qui viennent de mourir.*
5) en miettes : *en morceaux très petits, comme des miettes de pain ou de gâteau.*
6) en bouillie : *écrasé jusqu'à ressembler à de la bouillie qui est un aliment pour bébé.*

Chapitre 3

Julien, toujours accompagné des deux policiers, se rend à la morgue. Le jeune inspecteur est nerveux, c'est la première fois qu'il visite un endroit comme celui-ci. Le bâtiment ressemble à une prison[1], il y a des barreaux[2] aux fenêtres. Le hall d'entrée est triste, les murs sont de couleur gris-vert, c'est très laid. Pourtant, le médecin légiste[3] les accueille avec le sourire : « Suivez-moi, le corps de madame Martin-Duval est au deuxième étage ». L'homme est petit, un peu chauve. Il porte une blouse blanche. Avant de monter, l'agent Sommard ne peut s'empêcher[4] de parler :

– Oh là là ! La voiture, déjà, c'était triste. Mais là, un corps accidenté, c'est horrible. Il faudra boire un coup[5] en sortant. Il faudra vraiment aller au bistrot[6]!

En effet, le corps n'est pas joli joli. Mais l'essentiel n'est pas de voir le cadavre[7]. Le médecin légiste est là. Il commente : « Le corps n'a pas de traces de violence. Les analyses montrent que madame Martin-Duval n'a pas pris de drogue[8]. Aucun médicament. La mort est due à l'accident de voiture. »

– Il ne faut pas perdre de temps. Allons rencontrer la famille, dit Julien.

– Mais, chef, dit l'agent Sommard, il n'y a pas de famille. Madame Martin-Duval n'était pas mariée. On devrait dire « mademoiselle Martin-Duval ». Elle n'a pas d'enfant. Elle n'a personne… enfin, elle n'avait personne.

– Sommard, taisez-vous ! Je ne vous demande pas votre

avis. Nous allons voir la famille, c'est-à-dire son frère, Roger Martin-Duval. Objection ?

– Non, chef. Pardon, chef. C'est juste que… j'ai l'habitude des enquêtes de police.

– Sommard, vous êtes plus âgé que moi, vous êtes plus expérimenté que moi, mais l'inspecteur de police, c'est moi ! Zut !

– Zut ?

– Oui, je suis poli, je dis « Zut ! ». Je dis ce que je veux. Je suis inspecteur. Je suis un nouvel inspecteur qui fait sa première enquête et je vous… embête !

– Euh.. Ne vous fâchez pas, inspecteur. C'est peut-être… Peut-être que c'est... le moment d'aller au bistrot ?

1) une prison : *établissement où l'on enferme les condamnés.*
2) des barreaux : *petites barres qui ferment une ouverture.*
3) un médecin légiste : *médecin chargé d'examiner le corps d'une personne morte.*
4) s'empêcher de : *se retenir de.*
5) boire un coup : *(familier) boire un verre.*
6) un bistrot : *(familier) café, lieu où l'on consomme des boissons.*
7) un cadavre : *corps d'une personne morte.*
8) une drogue : *tout produit qui agit sur le cerveau en modifiant les sensations et les réactions.*

Chapitre 4

En fin de matinée, la voiture de police se dirige vers un ensemble de maisons à la sortie de la ville. C'est un quartier ordinaire. Les maisons se ressemblent toutes. Elles ne sont pas très grandes, plutôt récentes.

Au numéro 9 de la rue Georges Brassens, le jeune inspecteur Dulac, l'agent Sommard et l'agent Béranger descendent de voiture. Tout de suite, un homme sort ; monsieur Martin-Duval les attendait :

– Messieurs, dit-il, je vous en prie, veuillez entrer.

Julien a un visage grave :

– Sincères condoléances[1], monsieur. Je suis désolé de ce qui est arrivé à votre sœur.

L'homme est âgé d'environ 55-60 ans. Il est de taille moyenne. Ses cheveux sont déjà blancs. Mais il est fort, encore musclé. Il se tient très droit. Il regarde Julien avec attention. Il semble ne pas voir les deux policiers. Il ne parle qu'à Julien.

– C'est terrible. C'est très triste. Ma sœur ! Ma petite sœur ! Je l'aimais tant !

L'homme met son visage dans ses mains, il pleure. Julien est gêné[2], il regarde alors autour de lui : l'intérieur de la maison est très banal[3], rien de particulier. Les meubles sont ordinaires. Les deux gros fauteuils devant la télévision sont vieux. Sur les murs, il y a des affiches d'agences de voyage. L'homme continue de pleurer : « Je n'avais qu'une sœur, et elle est morte ! Je suis si triste ! » Le jeune inspecteur Dulac lui demande :

– Vous la voyiez souvent ?

– Souvent ? Euh… oui… enfin, non.

Julien ne sait plus quoi dire. Il se souvient des paroles du commissaire « être diplomate » :

– Je suis désolé de vous déranger, monsieur Duval-Martin. C'est la procédure. C'est un accident, mais nous devons faire une enquête, c'est la loi[4].

– Martin-Duval, corrige l'homme.

– Pardon ?

– Vous avez dit Duval-Martin.

– Oh, excusez-moi. Je n'ai pas de question particulière pour l'instant. Je tenais à vous présenter mes condoléances[6] et… Enfin, restez à la disposition de la police. Ne partez pas à l'étranger. Restez dans le département[7] jusqu'à nouvel ordre.

1) « Sincères condoléances. » : *formule de politesse pour dire que l'on partage la peine de quelqu'un quand une personne de sa famille est morte.*
2) gêné(e) : *mal à l'aise.*
3) banal(e) : *ordinaire, courant.*
4) la loi : *l'ensemble des règles établies par la société.*
5) à la disposition de quelqu'un : *attendre ses ordres, être prêt à lui donner satisfaction.*
6) présenter ses condoléances : *dire à quelqu'un que l'on partage sa peine quand une personne de sa famille est morte.*
7) un département : *partie du territoire français dirigée par un préfet.*

Chapitre 5

Un peu plus tard, le jeune inspecteur Dulac et les deux policiers déjeunent dans un restaurant bien choisi. L'établissement[1] est situé près de la maison de madame Martin-Duval. En fait, les restaurateurs[2], monsieur et madame Morel, étaient les plus proches voisins de la morte. Dulac est content, il va gagner du temps. Il déjeunera et fera son interrogatoire[3] au même endroit. Madame Morel est une petite femme active, elle fait asseoir les policiers et leur donne la carte :

– Je vous recommande le plat du jour, dit-elle, c'est le « Poulet fermier rôti au miel et au romarin[4] ». Pour l'instant, excusez-moi, j'ai beaucoup de monde à servir, je reviens vers vous dès que possible.

Les trois policiers déjeunent de bon appétit. Ils accompagnent leur plat d'un vin rouge, un Côte du Rhône, très agréable et pas trop fort. Mais à la fin du repas, il faut reprendre le travail. La restauratrice accepte de répondre aux questions de Julien. Il n'y a plus personne dans le restaurant. Elle s'assoit à leur table. Le jeune inspecteur commence :

– Connaissiez-vous madame Martin-Duval ?

– Bien sûr, sa maison est à 200 mètres.

– Venait-elle ici ? demande Julien.

– Rarement. Elle est venue déjeuner une fois ou deux. Toute seule. Je l'ai bien servie. C'est tout. Mon restaurant est au bord de la route, je la voyais passer en voiture de temps en temps. C'est tout.

– Conduisait-elle bien ?

– Très bien.

Un silence s'installe. Julien cherche une autre question. Finalement, il demande :

– Vous connaissez bien la route. Est-elle dangereuse ?

– Oui et non.

– Pardon ?

– La pente[5] est très forte, donc c'est dangereux. Mais comme c'est dangereux, tout le monde va doucement. Donc ce n'est pas dangereux.

Julien reste sans voix, Sommard est pensif et Béranger regarde ailleurs. Ils n'apprendront rien de plus. Il est temps de partir. Ils doivent maintenant aller visiter la maison de madame Martin-Duval.

1) un établissement : *bâtiment qui sert à un usage précis et ensemble des personnes qui y travaillent. Ici : restaurant.*
2) un restaurateur, une restauratrice : *une personne qui tient un restaurant.*
3) un interrogatoire : *suite de questions posées à quelqu'un.*
4) le romarin : *petit arbuste à l'odeur agréable, dont on utilise les feuilles pour parfumer certains plats cuisinés.*
5) une pente : *surface (ici, la route) inclinée qui monte ou qui descend.*

Chapitre 6

Les policiers ne prennent pas leur voiture. Marcher leur fait du bien, cela aide à digérer[1]. Ils arrivent devant la maison et aperçoivent un homme dans le jardin. Il est assis et semble se reposer. Il porte un jean et un gros pull. Il a des baskets à ses pieds. Il doit avoir entre 35 et 40 ans. Il a l'air tranquille. Il profite[2] du soleil. Qui est-ce ? se demande Julien, madame Martin ne voyait personne. Julien va vers l'homme et l'interroge :

– Vous connaissiez bien madame Duval ?

– Madame Martin-Duval, corrige l'homme.

– Vous la connaissiez bien ?

– Oh, oui ! Elle m'a engagé, il y a cinq ans. J'ai fait un beau jardin pour elle. J'ai beaucoup travaillé. Elle était contente. Je n'ai plus de travail maintenant, je ne sais plus quoi faire. Mais surtout, je suis triste pour elle.

L'homme renifle[3]. Il semble se retenir[4] de pleurer : « Quel dommage de mourir dans un accident ! Quel choc ! Quelle tristesse ! Mais... elle conduisait toujours un peu trop vite. »

– Un peu trop vite ?

– Oui, c'était une femme décidée, active. Elle conduisait vite. Et aussi, elle ne portait pas toujours ses lunettes. Et puis, vous savez... les femmes au volant !

Julien est un peu étonné. L'agent Sommard s'est

rapproché. Et même son collègue, l'impassible[5] Béranger, semble écouter.

– Dites-moi, reprend Julien, cette route est-elle dangereuse ?

– Oh oui ! La pente est forte. Les gens ne font pas attention. Le dernier virage[6] est très dangereux.

Cette fois-ci, Julien en est sûr : Béranger écoute l'interrogatoire. Sommard ouvre la bouche pour parler, mais le jeune inspecteur lui jette un regard sévère. Ouf ! Il se tait. Julien continue :

– Qui venait ici ? Madame Martin avait-elle de la famille ? Des amis ?

– Personne ne venait ici. Madame Martin-Duval ne voyait personne. Elle n'avait pas de famille, je crois. Et je n'ai pas vu d'amis ici.

Alors Sommard prend la parole, c'est plus fort que lui :

– Elle avait mauvais caractère[7] ? C'est ça ?

Les policiers visitent maintenant la maison. Une grande et belle maison. La vue est très belle. Tout est bien entretenu. Sur les murs, il y a de beaux tableaux. Madame Martin-Duval devait être riche. Julien décide d'enquêter auprès des notaires[8] de la ville. Qui hérite[9] de son argent ?

1) digérer : *transformer à l'intérieur de son appareil digestif les aliments que l'on a mangés.*
2) profiter : *tirer avantage.*
3) renifler : *faire entrer de l'air par le nez en faisant beaucoup de bruit.*
4) se retenir : *s'empêcher de céder (à un désir, une impulsion). Se contenir.*
5) impassible : *qui ne montre aucune émotion.*

6) un virage : *partie de la route qui tourne.*
7) un caractère : *ensemble des manières habituelles d'une personne.*
8) un(e) notaire : *personne dont le métier est de garantir devant la loi une vente ou une succession.*
9) hériter : *recevoir un bien transmis par une personne qui vient de mourir.*

Chapitre 7

Le soir, Julien est chez lui. Il est fatigué mais content : il a bien mené[1] son enquête. Il peut se reposer. D'ailleurs, cette enquête est très facile : le médecin légiste n'a pas vu de traces[2] de violence, madame Martin-Duval est bien morte dans un accident de voiture. Il n'y a rien à dire de plus. Demain, il écrira son rapport[3].

Le jeune inspecteur s'endort tout de suite. Mais son sommeil est agité[4]. Il rêve, ou plutôt il fait des cauchemars[5]. Il revoit la dame du restaurant : « cette pente est dangereuse, donc tout le monde fait attention... », il revoit le jardinier : « cette pente est dangereuse, les gens ne font pas attention... », il revoit aussi le frère « Ma petite sœur... je suis si triste... je la voyais souvent... enfin... non. »

Soudain, le réveil sonne. Il est 7 heures du matin. Vite, il doit se rendre au commissariat.

Dans le bureau du commissaire, Julien se tient droit. Il n'a pas bien dormi mais il veut faire bonne impression. Il écoute le commissaire :

– Ça y est, Dulac, vous avez terminé votre enquête ? C'est un banal accident, rien de spécial. Vous devez signer votre rapport et nous allons classer le dossier.

– Je ne suis pas sûr, commissaire.

– Pardon ?

– Commissaire, dit Julien, quelque chose est étrange.

– Étrange ?

– Oui, cet accident est étrange, bizarre, curieux...

– Ça va, j'ai compris ! Continuez.

Julien explique : « Cette dame s'est tuée dans un virage dangereux. »

– Vous vous moquez[6] de moi ? C'est normal d'avoir un accident dans un virage dangereux !

Julien, avec courage, continue : « Oui, mais pour madame Martin-Duval, c'est sa route. La route qui mène à sa maison. Elle connaît bien le virage dangereux. Comme tout le monde, elle ralentit[7] à cet endroit... Pourquoi prendre de la vitesse dans la pente ? »

– Elle était pressée ! On fait tous des erreurs ! Vous m'ennuyez, Dulac. On classe l'affaire[8].

Julien regarde le commissaire droit dans les yeux : « S'il vous plaît, commissaire, donnez-moi un jour de plus. »

– Un jour, et c'est tout ! Maintenant, partez, j'ai du travail, moi.

1) mener : *diriger.*
2) une trace : *une empreinte, une marque.*
3) un rapport : *compte-rendu qui expose comment quelque chose s'est passé.*
4) agité(e) : *sujet à l'agitation, à la nervosité.*
5) un cauchemar : *rêve qui fait peur, qui angoisse.*
6) se moquer (de) : *tourner en ridicule, en rire.*
7) ralentir : *rendre plus lent (un mouvement, une progression). Freiner.*
8) une affaire : *ensemble des faits créant une situation compliquée.*

Chapitre 8

Julien apprend que Roger Martin-Duval hérite de sa sœur. Elle était très riche. Sa maison valait[1] beaucoup d'argent. Le jeune inspecteur veut en savoir plus.

D'abord, il retourne au restaurant. La directrice de l'établissement est étonnée :

– C'est un peu tôt pour venir déjeuner, inspecteur.

– Je voudrais vous poser d'autres questions au sujet de la mort de madame Martin-Duval.

Tous deux vont alors dans un petit salon[2], à côté de la grande salle du restaurant.

– Je vous ai tout dit, inspecteur. Madame Martin-Duval n'est venue déjeuner ici qu'une fois ou deux. Je la voyais passer en voiture de temps en temps. C'est tout.

– Le matin de l'accident, avez-vous vu quelque chose de particulier ?

– Rien du tout. J'ai beaucoup de travail. Je prépare la salle à manger. Je surveille[3] la cuisine. Je réponds au téléphone... Et surtout, je ne m'occupe pas des affaires[4] des autres !

– Bien sûr, bien sûr..., dit le jeune inspecteur. Au fait, que savez-vous de madame Martin-Duval ? On sait toujours deux ou trois choses sur ses voisins.

La restauratrice reste pensive. Elle répond

finalement : « Pas grand-chose. Madame Martin-Duval vivait seule, elle n'avait pas d'amis, pas de famille. Enfin, si, elle avait un frère mais elle ne le voyait jamais. Elle était solitaire[5]. C'est tout. »

Julien continue son interrogatoire :

– Certaines personnes venaient chez elle ? Infirmière ? Femme de ménage ?

La directrice du restaurant se souvient alors : « Ah oui bien sûr, il y a Étienne, le jardinier. Je crois que c'était la seule personne que madame Martin supportait[6] ! Elle s'occupait toute seule de sa grande maison, mais le jardin, c'était trop : elle avait engagé un jardinier. Enfin, un homme qui s'occupait du jardin, des petits travaux, de la voiture : un homme à tout faire.

– De la voiture ?

– Oui, de la voiture, de tout... C'est pour cela que madame Martin acceptait sa présence. Elle ne supportait personne. Mais elle supportait Étienne parce qu'il était utile !

– Hum, hum... Vous n'aimiez pas beaucoup madame Martin-Duval ?

– C'est elle qui n'aimait personne. Et c'est tout.

1) valoir : *avoir une certaine valeur. Coûter.*
2) un salon : *pièce dans laquelle on reçoit les invités. Pièce d'un établissement ouvert au public.*
3) surveiller : *suivre avec attention pour que tout se déroule normalement.*
4) une affaire : *(ici) ce qu'une personne a à faire, qui la concerne.*
5) solitaire : *qui vit seul, dans la solitude. Qui évite la*

compagnie des autres.
6) supporter : *tolérer la présence de quelqu'un.*

Chapitre 9

Julien téléphone alors au commissariat[1]. Il veut que la police scientifique analyse la voiture de madame Martin-Duval. Le commissaire lui répond :

– Les analyses coûtent cher. Nous devons faire des économies, vous ne le savez pas ? Pour un banal accident de la route, on ne fait pas d'analyses !

– Je vous en supplie[2], dit Julien. Quelque chose n'est pas normal. Les gens autour d'elle mentent.

– Je croyais qu'elle vivait seule, remarque le commissaire.

– Oui et non. Elle vivait seule... Mais les quelques personnes que j'ai interrogées ne disent pas tout. Il y a quelque chose d'étrange. Je vous en supplie, commissaire, il faut analyser la voiture de madame Martin-Duval !

– Vous m'agacez[3], Dulac ! Enfin... Parfois les débutants ont des intuitions[4]... On parle de « la chance du débutant ». D'accord pour l'analyse.

Julien ne perd pas de temps. Du restaurant, il va à la villa de madame Martin-Duval. Le jardinier est encore là. Julien l'interroge :

– Vos nom, prénom, âge et qualité ?

– Quoi ?

– Vous êtes le jardinier de madame Duval, dit Julien. Je vous interroge dans le cadre de mon enquête de police.

– J'ai compris. Mais, madame Martin-Duval est morte

dans un accident. Il n'y a pas de meurtre[5] ! Que me voulez-vous ?

– C'est à moi de décider ce que je dois faire. Votre nom ?

– Étienne Braco

– Âge ?

– 39 ans.

– Profession ?

– Vous le savez bien, je suis jardinier ici, à plein temps.

Julien insiste : « Le jardin vous occupe la journée entière ? »

– Je fais aussi les réparations nécessaires dans la maison.

Julien continue : « Vous réparez uniquement ce qui ne va pas dans la maison ? »

– Oui. Que faire d'autre ? Je n'étais pas l'amant[6] de madame Martin-Duval, si c'est ça que vous voulez dire.

Julien n'avait pas pensé à ça... Il continue : « Vous vous occupiez de sa voiture ? »

– Non.

– Où allait-elle faire réparer sa voiture ?

– Je ne sais pas. Dans un garage en ville. Quelle importance ?

– Je vous rappelle, monsieur Braco, qu'il y a eu un accident de voiture, un accident étrange !

– Étrange ? Les freins[7] ont lâché[8], c'est tout ! Dans la pente, ça ne pardonne pas[9] !

– Les freins ont lâché ? Qu'en savez-vous ? s'écrie Julien.

– Je n'en sais rien, j'imagine. Vous me fatiguez, allez-vous-en !

Julien est déterminé : « Monsieur Braco, vous êtes un témoin dans mon enquête, vous devez rester à la disposition de la police. Ne vous éloignez-pas, restez dans le département. »

1) un commissariat : *bâtiment où sont installés les bureaux d'un commissaire de police.*
2) supplier : *prier quelqu'un humblement et avec insistance.*
3) agacer : *mettre quelqu'un dans un état d'agacement. Énerver. Irriter.*
4) une intuition : *sentiment de comprendre ou de savoir quelque chose sans avoir besoin de réfléchir et sans pouvoir vérifier.*
5) un meurtre : *action de tuer volontairement quelqu'un.*
6) un amant : *homme avec lequel une femme, ou un autre homme, a des relations sexuelles hors mariage.*
7) les freins : *système qui sert à ralentir et à arrêter un véhicule.*
8) lâcher : *cesser de tenir. Se rompre.*
9) Ça ne pardonne pas ! : *(ici) c'est mortel, fatal.*

Chapitre 10

Le lendemain, Julien est au commissariat. Il a parlé au commissaire Taillefer. Celui-ci est d'accord[1] pour faire venir dans son bureau monsieur Martin-Duval, frère et héritier[2] de madame Martin-Duval, et Etienne Braco, jardinier de celle-ci. La confrontation[3] des témoins est une technique de police efficace pour faire parler les gens.

À présent, dans le bureau du commissaire, tout le monde est réuni. Taillefer est à côté de Dulac. Il le laisse parler. Il lui laisse prendre des responsabilités. Julien est impressionné mais il a vu beaucoup de films policiers, il imite les acteurs. Il parle de manière assurée :

– Messieurs, je vous ai réunis dans le cadre de l'Affaire Martin-Duval.

– L'Affaire ? dit le frère de la dame accidentée, quelle Affaire ? C'est un accident. Ma sœur, ma pauvre sœur, s'est tuée dans un accident.

– Je vous en prie, dit Julien, laissez-moi parler. Monsieur Braco, ici présent, s'occupait de la voiture de madame votre sœur. Or, nous avons appris que sa voiture a été sabotée[4]. Les freins ont été endommagés[5]. Dans la grande descente, ils n'ont pas résisté, ils ont cassé.

Braco se lève de sa chaise : « Je n'ai jamais fait ça, je répare les voitures, je ne les sabote pas ! »

Julien continue :

– Madame Martin-Duval n'est pas morte dans un accident. Sa voiture a été sabotée. Il s'agit d'un meurtre, et c'est vous qui avez fait cela !

– Vous ne pouvez pas m'accuser[6] ! Pourquoi l'aurais-je tuée ? Je n'hérite pas de l'argent de madame Martin-Duval, moi !

À présent, tout le monde regarde Roger Martin-Duval. Il dit : « C'est ma sœur, je l'aimais ! Et puis... je ne connais rien aux voitures ! Je vais toujours chez les garagistes... Et ça me coûte cher ! J'ai gardé mes factures depuis 20 ans, je peux le prouver[7] ! »

– Monsieur Martin-Duval, dit le jeune inspecteur, restez calme, vous êtes innocent, je le sais bien. Par contre, monsieur Braco, vous êtes la seule personne qui s'occupait de la voiture de madame Martin-Duval. La voiture est dans le garage de la maison. Ce garage est toujours fermé à clé. Personne, personne n'a pu saboter la voiture, sauf vous. Je vous accuse du meurtre !

1) être d'accord : *accepter ce qui est dit.*
2) un héritier, une héritière : *personne qui reçoit un bien transmis par quelqu'un qui vient de mourir.*
3) une confrontation : *(ici) action de mettre en présence des personnes pour comparer ce qu'elles disent.*
4) saboté(e) : *détérioré par un acte volontaire.*
5) endommagé(e) : *mis en mauvais état, abîmé.*
6) accuser : *dire que quelqu'un est coupable.*
7) prouver : *faire apparaître que quelque chose est vrai.*

Chapitre 11

C'est alors que Braco, le jardinier, se lève. Il parle directement à Martin-Duval :

– Sale type[1] ! Assassin[2] ! Traître[3] ! C'est toi qui m'a demandé de saboter la voiture ! C'est toi qui hérite ! Moi, j'ai seulement reçu un peu d'argent avant l'accident et 10 % de l'héritage. C'est tout.

Roger Martin-Duval se lève aussi, il répond : « C'est faux, c'est faux, tu mens, ordure[4] ! Tu as tué ma sœur, ma pauvre sœur. Tu voulais la voler ! Tu voulais prendre le tableau de Monet qu'elle avait acheté une semaine avant sa mort ! »

Alors, le commissaire Taillefer intervient :

– Monsieur Martin-Duval, vous n'aviez aucun contact avec votre sœur. Comment connaissez-vous l'achat de ce tableau ? Votre sœur ne voyait que son jardinier. Elle ne parlait à personne.

Puis, le commissaire se tourne vers Julien : « Monsieur Dulac, c'est votre affaire, je vous laisse conclure[5]. »

– Messieurs Martin-Duval et Braco, dit le jeune inspecteur, vous resterez en garde-à-vue[6] jusqu'à ce que la lumière soit faite sur cette enquête.

– Quoi ? dit Braco.

– Oui, monsieur Braco, vous allez en prison avec monsieur Martin. Nous allons faire quelques vérifications.

Puis vous serez jugés[7] définitivement, tous les deux, monsieur Martin-Duval et vous. Maintenant, c'est à la Justice de faire son travail.

1) un sale type : *(familier) homme, individu quelconque, que l'on peut craindre ou mépriser.*
2) un assassin : *personne qui tue volontairement une autre personne.*
3) un traître : *personne qui trompe, qui abandonne quelqu'un.*
4) une ordure : *(familier) personne méprisable. Salaud.*
5) conclure : *terminer (un discours, un texte).*
6) une garde-à-vue : *mesure permettant à un officier de police de retenir quelqu'un.*
7) jugé : *soumis à une décision de justice.*

Épilogue

Il est de tradition dans la police de fêter la première enquête d'un inspecteur.

Ce soir-là, tous les policiers du commissariat sont réunis. On sert quelques boissons et des gâteaux apéritifs. Mais avant de boire et manger, le commissaire Taillefer prend la parole :

– Chers amis et collègues, aujourd'hui est un grand jour. Nous fêtons la première enquête de notre nouvel inspecteur, Julien Dulac.

Tous les policiers se tournent[1] vers Julien. Taillefer continue :

– C'est un grand jour. En effet, j'avais donné une enquête de routine[2] à notre nouvel inspecteur, un accident sans intérêt. L'enquête ne devait être qu'une formalité[3]. Mais, grâce à l'inspecteur Dulac, nous avons découvert un meurtre. Et nous avons arrêté les deux meurtriers. Ils seront jugés.

Taillefer ajoute :

– Quelque chose me dit que nous entendrons parler à l'avenir de notre jeune collègue[4].

À présent, l'agent Sommard s'avance. Il dit :

– Et maintenant, commissaire, on peut boire un coup ?

1) se tourner : *se mettre dans une certaine direction.*
2) de routine : *courant, habituel.*
3) une formalité : *(ici) acte que l'on doit accomplir mais qui n'est pas difficile à faire.*
4) un(e) collègue : *une personne qui travaille dans une même entreprise qu'une ou plusieurs autres personnes.*

VOCABULAIRE THÉMATIQUE

Vous avez rencontré ces mots dans le texte. Les reconnaissez-vous ?

Le commissariat

un commissariat : *bâtiment où sont installés les bureaux d'un commissaire de police.*

un local, des locaux : *pièce, partie d'un bâtiment destiné à un usage particulier.*

un inspecteur : *fonctionnaire de police en civil qui travaille sous les ordres d'un commissaire.*

un commissaire : *officier de la police nationale qui s'occupe du maintien de l'ordre et de la sécurité et qui a sous ses ordres des inspecteurs et des agents de police.*

un(e) collègue : *personne qui travaille dans une même entreprise qu'une ou plusieurs autres personnes.*

avoir à son actif : *compter comme succès, comme réussite.*

un constat : *document officiel qui décrit une situation.*

une procédure : *l'ensemble des actes, des formalités qu'il faut accomplir pour parvenir à un résultat.*

la routine : *habitude d'agir toujours de la même façon.*

de routine : *courant, habituel.*

une formalité : *1. démarche administrative obligatoire. 2. acte que l'on doit accomplir mais qui n'est pas difficile à faire.*

boire un coup : *(familier) boire un verre.*

un bistrot : *(familier) café, lieu où l'on consomme des boissons.*

un département : *partie du territoire français dirigée par un préfet assisté du Conseil général.*

L'enquête policière

une enquête policière : *recherche de la vérité par l'écoute de témoins et la réunion d'informations et d'indices.*

une affaire : *ensemble des faits créant une situation compliquée.*

mener : *diriger.*

un interrogatoire : *suite de questions posées à quelqu'un.*

un témoin : *personne qui certifie une chose, qui peut en témoigner.*

un médecin légiste : *médecin chargé d'examiner le corps d'une personne décédée des suites d'un accident ou d'un crime.*

une trace : *empreinte, marque.*

une drogue : *tout produit qui agit sur le cerveau en modifiant les sensations et les réactions et qui est très dangereux pour la santé.*

un amant : *homme avec lequel une femme, ou un autre homme, a des relations sexuelles hors mariage.*

un assassin : *personne qui tue volontairement une autre personne.*

un traître : *personne qui trahit, c'est-à-dire qui trompe, qui abandonne quelqu'un.*

une confrontation : *action de mettre en présence des personnes pour comparer ce qu'elles disent.*

un rapport : *compte-rendu plus ou moins officiel qui expose et explique comment quelque chose s'est passé ou doit se passer.*

classer : *ranger dans un certain ordre.*

classer une affaire / un dossier : *considérer une affaire comme terminée.*

prouver : *faire apparaître que quelque chose est vrai. Démontrer, établir.*

La voiture, la conduite, la route

une pente : *surface inclinée qui monte ou qui descend. Montée ou descente.*

un virage : *partie de la route qui tourne. Tournant.*

ralentir : *rendre plus lent (un mouvement, une progression). Freiner.*

les freins : *système qui sert à ralentir et à arrêter un véhicule.*

lâcher : *cesser de tenir. Se rompre, se détacher brusquement.*

« Ça ne pardonne pas ! » : *mortel, fatal. Pardonner (dans cette expression) : épargner. Pardonner (sens général) : excuser (une faute), ne pas en vouloir à la personne qui l'a commise.*

saboter : *détériorer ou détruire par un acte de sabotage, c'est-à-dire un acte volontaire visant à empêcher le fonctionnement normal d'un service, d'une entreprise, d'une machine.*

endommager : *mettre en mauvais état, causer des dommages. Abîmer, détériorer, ravager, saccager.*

Le restaurant

un établissement : *bâtiment qui sert à un usage précis et ensemble des personnes qui y travaillent. Ici : restaurant.*

un restaurateur, une restauratrice : *une personne qui tient un restaurant.*

un salon : *pièce dans laquelle on reçoit les invités. Pièce d'un établissement ouvert au public.*

le romarin : *petit arbuste à l'odeur agréable, dont on utilise les feuilles pour parfumer certains plats cuisinés.*

une miette : *1. petit morceau de pain, de gâteau qui tombe quand on le coupe. 2. Petit morceau.*

en miettes : *en petits morceaux.*

une bouillie : *aliment fait de lait et de farine cuits ensemble et surtout destiné aux bébés.*

en bouillie : *écrasé jusqu'à ressembler à de la bouillie.*

digérer : *transformer à l'intérieur de son appareil digestif les aliments que l'on a mangés.*

La mort

un mort, une morte : *personne qui a cessé de vivre.*

un meurtre : *action de tuer volontairement quelqu'un. Crime, homicide, assassinat.*

un cadavre : *corps d'une personne morte.*

la morgue : *lieu où l'on dépose provisoirement le corps des personnes qui viennent de mourir.*

« Sincères condoléances » : *formule de politesse à dire à quelqu'un quand une personne de sa famille est morte.*

présenter ses condoléances : *dire à quelqu'un que l'on partage sa peine quand une personne de sa famille est morte.*

un notaire, une notaire : *personne dont le métier est de garantir devant la loi une vente, un accord entre les personnes.*

hériter : *recevoir un bien transmis par une personne qui vient de mourir.*

un héritier, une héritière : *personne qui reçoit un héritage, c'est-à-dire un bien transmis par quelqu'un qui vient de mourir.*

Les insultes

Sale type ! : un sale type : *(familier) homme, individu quelconque, que l'on peut craindre ou mépriser.*

Ordure ! : une ordure : *(familier) personne méprisable. Salaud.*

Les attitudes, les comportements

un caractère : *ensemble des manières habituelles d'être.*

agité(e) : *en proie à l'agitation.*

solitaire : *qui vit seul, dans la solitude, qui évite la compagnie des autres.*

gêné(e) : *mal à l'aise, qui montre de la timidité, de la gêne.*

impassible : *qui ne montre aucune émotion.*

supporter : *tolérer la présence de quelqu'un ou d'un animal.*

s'empêcher de : *se retenir de, se défendre de.*

supplier : *prier quelqu'un humblement et avec insistance.*

agacer : *mettre quelqu'un dans un état d'agacement. Énerver. Irriter.*

être d'accord : *accepter ce qui est dit, ce qui est proposé.*

accuser : *dire que quelqu'un est coupable.*

profiter : *tirer avantage.*

renifler : *faire entrer de l'air par le nez en faisant beaucoup de bruit.*

se retenir : *s'empêcher de céder (à un désir, une impulsion). Se contenir.*

se moquer (de) : *tourner en ridicule, en rire.*

se tourner : *aller, se mettre en sens inverse ou dans une certaine direction.*

surveiller : *suivre avec attention (un travail, une personne...) pour que tout se déroule normalement.*

Le jugement

conclure : *terminer (un discours, un texte). Arriver à une conclusion après avoir réfléchi, examiné.*

une garde-à-vue : *mesure permettant à un officier de police de retenir dans le cadre d'une enquête toute personne (suspect, témoin).*

juger : *soumettre (une cause, un accusé) à une décision de justice.*

la loi : *l'ensemble des règles établies par la société, qui indiquent ce qui est autorisé et ce qui est interdit.*

être à la disposition de quelqu'un : *attendre ses ordres, être prêt à lui donner satisfaction.*

une prison : *établissement où l'on enferme les condamnés et les prévenus qui vont être jugés.*

des barreaux : *petites barres qui ferment une ouverture.*

Made in the USA
Middletown, DE
14 June 2022